JN409193

질경이의 기도

백 명 자 시집

오늘의문학사

이순(耳順)의 아름다운 열정

— 백명자 시인의 첫시집 발간을 축하하며

리 헌 석

(시인, 문학평론가,

사단법인 대전예술단체총연합회 회장)

1.

백명자 시인은 회갑(回甲)에 등단하고 첫 시집을 발간한다. 삶의 잔잔한 이야기들을 수필로 발표하던 그가 이순(耳順)에 이르러 시 창작에 열중하게 되었다. 그는 매주 목요일마다 몇몇의 시인이 모여서 시담(詩談)을 나누는 '목요합평회'에 열성이다.

그가 시 창작 공부를 시작할 때쯤에는 그의 남편이 병원에 입원하고 있어서, 마음의 여유조차 찾기 어려운 상황이었지만, 2년 동안을 쉼 없이 참여하려고 노력하였다. 새로운 작품을 들고 나오기도 하고, 합평회에서 나눈 담론에 따라 다시 고쳐 오기도 하였다.

2년 여
상처와의 전쟁
환우들로 북적였던
61병동 612호 병실

찾는 이 없는
둘만의 공간
눈부신 비상의 그날이
사각 유리창에 갇혀 있다.

— 「간병일기 1」 일부

백명자 시인은 남편의 질환에 심혼(心魂)을 다 바쳐 간병하였다. 병실에서 보내는 생활은 그로 하여금 〈사각 유리창에 갇혀 날개 접은/ 새 한 마리처럼/ 날아오를 수 없〉는 절망에 빠지게도 하였다. 그리하여 〈멍한 채로/ 진한 눈물〉을 삼키면서 현실의 슬픔에 젖기도 하였지만, 그만의 끈질긴 생명력으로 극복하게 된다. 〈오직 한 마음/ 접은 날개를 펴는/ 황홀한 비상의 꿈〉을 간직한 그였기에 포기하지 않고 간병을 하여, 의사들도 포기한 남편을 극적으로 소생시키기에 이른다.

그는 또한 효부(孝婦)이기도 하다. 남편의 질환을 간병하면서 시어머니의 수발 또한 미루지 않았다. 그러던 시어머니께서 타계하셨을 때, 그는 시어머니의 말없는 유언을 찾아내기에 이른다. 〈인고마저 훠이훠이 내려놓으신 당신./ 이승에서의 마지막,/ 시한부 큰아들을 살리라는 눈빛〉을 읽어낸 그는 시어머니의 유언을 지키는데 혼신을 다하게 되고, 이와 같은 희생적 간병으로 인하여 남편을 소생시키게 되었다고 눈물빛으로 말한다.

2.

백명자 시인은 2007년 3월에 건양대학교의 신입생으로 입학하여 주위를 놀라게 하였다. 회갑의 연치(年齒)에 대학교 1학년 신입생으로 입학한 그였기에 학교에서는 만학도(晩學徒) 중의 대표적 표상으로 언론에 집중 보도되기도 하였다. 앞으로 추진할 복지 사업을 이루기 위한 기초공부를 하기로 다짐한 그는 아무도 예상하지 못한 용기를 내었지만, 손자들 나이 또래의 청년들과 함께 공부를 하는 것은 쉬운 일이 아닐 터였다.

학습도 문제려니와 연령에 따른 사회적 인식의 차이에서 비롯된 고통을 감내하는 일은 참으로 어려운 일이었을 것이다. 그러함에도 그는 이런 난제를 슬기롭게 극복함은 물론, 그 사이에 시간을 내어 '목요합평회'에 개근하여 시인으로 등단하였으니, 문학 창작에 대한 그의 열정은 정말 놀랍다. 한 가지 일만으로도 벅차지 않은 것이 없음을 감안하면, 초인(超人)과도 같은 의지를 보유한 것으로 보인다.

목표를 향한 바쁜 걸음들
스치는 느낌이 그렇다.

느슨하게 출발했던
수십 대의 셔틀버스 한 숨 돌리니
종강을 한 발 남긴 한 학기
무엇을 얻고 잃었나!
오늘이 더 아쉽다.

— 「이순(耳順)의 새내기 1」 일부

종종걸음으로 학업에 열중하던 그였기에 한 학기 종강에

이르러 아쉬움이 컸던 듯하다. 그는 늦게 시작한 공부였기에 컴퓨터에 익숙하지 않아 학습하기가 힘들었다고 고백한 적이 있다. 그래서 그는 〈키보드의 작은 샛별이/ 깊은 밤의 유혹/ 어둠을 가르며/ 손가락마다 반짝인다.〉고 작품으로 형상화하기도 하였다.

과제를 하다가 새벽에 이르는 일이 허다하였다고 하니, 학업에 대한 그의 열정도 문학창작만큼이나 뜨거운 열정을 되새기게 한다. 〈황혼의 끝자락/ 만학의 문이 열린 날/ 기쁨이 채 가라앉기도 전에/ 두려움〉이 엄습하였지만, 그 두려움을 이기는 자만이 승리할 수 있다는 신념으로 매진하여 주위로부터 감탄사를 유발하게 만들었다.

3.

백명자 시인은 고향을 사랑하고, 아름다운 자연을 노래하는 고운 서정을 지녔다. 누구에게나 고향은 추억으로 아름답기 마련이고, 추억은 되돌릴 수 없기 때문에 더욱 그립기 마련이다. 그러나 사람마다 체험이 다르고, 그에 따라 추억의 농도(濃度) 역시 다르다.

그의 고향은 아버지와 어머니를 통하여 드러난다. 또한 형제자매와 이웃들의 추억을 통하여 구체화되기도 한다. 정이 깊을수록 추억의 농도 역시 짙어져서 시인의 감성을 자극하여 많은 작품을 창작하게 한다. 이 작품들을 통하여 독자들도 시인과 유사한 정서를 공유하기에 이른다. 즉 시인의 농밀(濃密)한 서정이 언어의 직조(織造)를 통하여 독자들과 함께 공감대를 넓히고 있다.

어머니가 물려주신 장독대
흙먼지 덮힌 채 윤기 잃었지만
제자리에 옮겨
간장을 담그는 감회

돌아오는 발걸음도 가볍다.
— 「고향집 2」 전문

그는 어머니가 사용하던 장독대에서 흘러간 추억의 중심을 찾아낸다. 〈흙이 그리워도 밟지 못하는/ 답답한 가슴/ 확 뚫고 싶어/ 주말이면 고향〉을 찾아간다. 그는 어디에서도 찾아볼 수 없는 안식과 평화, 그리고 진정한 행복을 고향에서 찾아낸다. 세상에서 비롯된 답답한 가슴도 고향에 이르면 사라진다니, 그는 아마도 향수가 도져 병에 이른 듯하다. 향수에 젖을 수 있는 고향을 갖고 있다는 것만으로도 백명자 시인에게는 형언할 수 없는 서정적 밑천이 될 것이다.

그리워할 수 있는 고향이 있고, 그 고향에 찾아갈 수 있으며, 그 고향집에서 어머니의 추억까지 그려낼 수 있다면, 이는 행복한 시인의 소중한 바탕이 될 것이기 때문이다. 이런 서정을 바탕으로 아름다운 시를 창작하는 그이기에 많은 사람들이 감동할 수 있는 작품을 빚고 있다.

앞으로 백명자 시인은 이제까지와 같이 건전한 생활 속에서 문학 창작에 더욱 정진하리라 믿는다. 햇빛이 반짝여 만드는 호수의 물비늘, 그 윤슬의 아름다움처럼 빛나는 정채(精彩), 그 서정의 눈부심을 기대한다.

2007년 12월 초순에.

■ 차 례 ■

제1부 간병일기

■ 차 례 ■

제2부 고향 감나무

■ 차 례 ■

제3부 이순의 새내기

■ 차 례 ■

제4부 그림자

■ 차 례 ■

1부

간병일기

간병일기 1

— 중환자실에서

생과 사를 회피하는
가파른 심호흡
식어지는 몸에 혈을 심는 기도

생살이 으깨져
조각난 뼈마디마다
산소 호흡기에 의지하는 맥박
바람결에 떨리는 문풍지처럼
들락거리는 숨결

애써 외면해 버린
영안실의 푯말이
멀어졌다 가까워지는 절규에
오그라드는 가슴

동공을 향해
번득이는 반사경
온몸 바쳐 드리는 기도
그 영혼에 눈물로
그려낸 무지개

간병일기 2

사각 유리창에 갇혀 날개 접은
새 한 마리처럼
날아오를 수 없다.

멍한 채로
진한 눈물을 삼킨다.

오직 한 마음
접은 날개를 펴는
황홀한 비상의 꿈을
깨우지 말아라, 바람아!

2년 여
상처와의 전쟁
환우들로 북적였던
61병동 612호 병실

찾는 이 없는
둘만의 공간
눈부신 비상의 그날이
사각 유리창에 갇혀 있다.

간병일기 3

어둠을 걷어차고
이제 막 붉게 타오를
그 장엄함

부릅뜬 눈으로 태울 것 같은
열기(熱氣)
부스러기 들고
가슴이 마구 뜁니다.

악연(惡緣) 짓지 말라는
당신의 뜻 받들어
아린 눈물 곱게 여미며
휘휘 돌아온 삶이
어찌 나뿐이오리까.

온 누리를 비운 만큼
생기 부으실
새 아침을 여시옵소서.

간병일기 4

— 질경이와 나를 견주다

질펀히 눌러앉은 길 옆
짓밟혀도 다시 일어나는 질경이

자국마다 멍든 피투성이
머문 곳이 여기뿐인 걸.

오직 하나
땀방울로 밀어 올린 꽃대궁

살아남으려고
지청구 받으며 자란 극성스러움

푸른 생명 토해 낼 꿈,
핀잔 같은 세월.

간병일기 5

— 민들레 영혼

노란 꽃망울 환하게
불 밝힌 초록 봄이면

하얀 보솜이 둘러쓰고
홀가분한 세상 나들이

머문 자리마다
하늘로 오르는 꿈.

간병일기 6

청솔 빛 그리워 시름하는
외로운 산자락

꽃망울 터뜨리지 못하고
홀로 견뎌낸 목련화

해묵은 슬픈 몰살 털고
이제 물오르는 옹이들

붉게 타오를 한 줄기
햇살의 속 깊은 빛.

간병일기 7

갈 길이 다른 사람들
발자국소리 크게 들리는 밤

떨어뜨린
몇 송이 눈물

텅 빈 하늘
돌아나는 별

오지 않는 잠을 끌어다가
눈꺼풀 닫으려는 베개 옆

꿈속에 나비가 되어
돌아본 빈자리.

간병일기 8

풀냄새가 그립다.
심장에 피가 되는
기도를 쉬지 않는다.

온몸 아리는 상처
미이라 같은 육신

자리를 털고
달맞이라도 하셨으면
소원이 없겠다.

간병일기 9

창가 잎새처럼
푸르게 흔들릴 수는 없을까.

팔다리를 흔들며
몸을 젖혀 웃을 수는 없을까.

소망하는 마음처럼
간절한 기도처럼.

간병일기 10

— 퇴원을 앞두고

가을을 흔들고
덩달아 따라 나서다가

노란 손 흔드는 은행잎
날려 버린 아침

무엇을 태우고 싶어
그렇게 저물어 가느냐

긴긴 해 지고
이슬처럼 지워질 생명

다시 피워낼
새 봄을 기다리며.

간병일기 11

후덥지근한 밤 쉬이
잠 못 들어
풋잠을 깬 아침

텃밭의 강낭콩이 여물어가는
연두색 이불 속 풀냄새가 그립다.

한낮의 더위를 잊으려고
비좁은 병실에서 내려다본
널따란 주차장

옷섶 고이 여미며 빌어
온몸 아리는 상처 겹겹이 쌓인
미이라 같은 육신
심장에 물이 되고, 피가 되는
기도를 쉬지 않는다.

추석 한가위 보름달이 떠오르면
툭, 자리를 털고 달맞이 하고 싶으실까요.
병실 창가 무성히 나폴대는
잎새처럼 팔다리를 흔들어 봐요.
소망으로 비는 이 마음 웃음의 꽃 필 때까지.

간병일기 12

사선을 넘나드는 절박함
빈가지에 하나 남은
잎새 같은 육신

종일토록 터진 상처
싸매느라 들락거린
중환자실
가녀린 생명줄에
목숨을 건다.

아직도 선연히 남은 흔적
고통스런 수술 자국들의
미완성은 움직일 때마다
땡기고 옥죄는 괴로움의 호소

우기가 있는 날이면 더욱
몸을 가누지 못할 만큼
후유증에 시달린다.

우리 엄니 1

오늘도 닷새 장에
다녀오신다.

복(福)자가 새겨진
숟가락을 사오셔서

쌀밥을 해
먹여 주셨다.

배가
참 불렀다.

우리 엄니 2

— 아흔여섯번째 생신을 맞아

열일곱 꽃댕기 풀어
시집온 새아씨
생솔 타는 연기에 숨어
눈물 흘린 시집살이

앞 냇가 얼음물에
쳐 내려도 쳐 내려도
쓸어내리지 못한
방망이질

해를 거듭한 지친 삶
가슴에만 묻으시다
여덟 송이 꽃 둥지 안에 옮겨 심으신
우리 엄니

아직도
내려줄 사랑이 넉넉하신
자투리 지지 않는 지덕으로

섬김의 뜻 나눔의 뜻으로
한 삶을 사신 골 깊은 얼굴

연지곤지 분첩 단장으로
잃어버린 엄니 얼굴
다시 찾은 날

보고 싶은 아버지

마음이 허전하면
장롱 안에서
잠자는
사진첩을 깨운다.

고우셨던 어머니 얼굴
힘겨웠던 삶의 흔적들

깊은 골짜기마다
백세에 이르도록
사랑으로 새겨 놓았다.

무쇠 같은 아버지
팔에 안긴
일곱째의 작은 눈이
아직도 초롱초롱하다.

버거운 삶
알 듯 한데도
오실 수 없는 분

먼 길 가신
아버지가 보고 싶어
이 나이에
눈물이 납니다.

시어머니의 수의

나무 등걸처럼 누우신 당신 앞에서
지은 죄 갚지 못해
솟구치는 눈물,
타들어 갈 듯 뼈를 깎는
때늦은 후회로
겹겹 수의를 입혀 드립니다.

초가 서까래보다
더 밭으신 가슴 결결,
인고마저 훠이훠이 내려놓으신 당신.
이승에서의 마지막,
시한부 큰아들을 살리라는 눈빛,
남기신 뜻을 새깁니다.

기도 1

이글대던 젊음이
아픔으로 엉킵니다.

작은 소리 되뇌이며
비워낸 가슴
불거진 성깔을
감싸 안습니다.

아주 작은 날갯짓
덜 여문 노랑 부리로
순종하며 올리는
기도입니다.

기도 2

그렇게도 붉히더니
삭풍에 시달리다가
떨고 있는 모습입니다.

짧은 노을 앞에
외롭게 보낼
너를 위해 내려주신
이슬

기도로 지새운 밤이
축복입니다.

기도 3

제가 걷는 이 길이
당신의
발걸음이 되게 하소서.

그리하여
살아온 날들이
하얀 미소를 짓게 하소서.

더 눈부신 꽃으로
피우기 위해
후회 없이
사랑으로 피어나게 하소서.

기도 4

깊어가는 가을
흔들던 바람을
화선지에 그려낸 듯

가장 외로운 낙엽을 위하여
가장 아름다운 열매로 남아

제자리를 맴돌다가
한줄기 바람 되어
그리움보다 사랑으로
머물게 하소서.

지붕 없는 집의 지붕이 되어
오늘을 사는
삶이 되게 하소서.

갯벌에서 1

인적 드문 외딴 섬
끼루룩대는 갈매기 소리가
망망한 바다의 잠을 깨운다.

비움과 채움의 반복으로
공존하는 생명들
갯바닥의 구멍 크기만 보아도
욕심을 버리라는 계시

발자국 사진을 찍는다,
삶의 스승을 만난다.

갯벌에서 2

간만의 차이로 일렁이는
바닷물의 설렘이
너른 갯벌을 뒤적이던
거친 손마디.

해질 무렵 바다 위에
피어나는 노을이
그녀를 감싸 안는다,
아낙의 하루가 간다.

2부

고향 감나무

고향집 1

흙이 그리워도 밟지 못하는
답답한 가슴
확 뚫고 싶어
주말이면 고향을 간다.

굳게 닫힌 빈집
대문 열리는 소리
고샅길 잠을 깬다.

뜰 안팎 굳어진 땅
잡초들이 우우우
한 삽 두 삽 뒤엎을 때마다
묻혔던 한을 파 엎듯
쇠스랑은 흙덩이를 부순다.

후회하지 않을 마음씨를
움트도록 햇살 걸린 양지쪽
밭이랑마다 뿌려본다.

고향집 2

어머니가 물려주신 장독대
흙먼지 덮힌 채 윤기 잃었지만
제자리에 옮겨
간장을 담그는 감회

돌아오는 발걸음도 가볍다.

고향집 3

하얀 박속처럼 청빈한 마음
담장을 뒤덮는 고사리 손
넉넉하게 가부좌를 튼
보름달 같은
고향 아낙의 마음
맨발 자국 아련한 고향
그곳에는
들깻잎 향기가 여전하다.

귀농일기 1

웃자란 초록의 보리누름
바빠진 일손 닿는 곳마다
진주 빛 땀방울 맺혀
불린 콩을 넓은 가슴에 심고

허리 굽혀 능숙한 솜씨로
낫질하는 순간 저 들을
한 손에 메어 든다.

귀농일기 2

한 알 두 알
헤아리는 숨결
고개 숙인 이삭의 뜻

청국장 끓는 향 품어 안은
한 떨기 꽃 같은 부부의
넉넉한 미소가 어둠을 가른다.

다시 찾은 고향

하늘과 땅 아래
첫 날갯짓의 불시착
생과 사의 분수령을 넘기 위해
몸살을 앓는다.

한 지붕 아래 모여 사는
다세대 주인
약자의 사투 속에
병풍을 쳐놓은 듯한 높이,
협곡의 아득함을 만난다.

현무암 절벽을 따라
굴러 내리는
은방울소리가
찌든 때를 벗겨도

귀에 익은 쓰르라미 찾아
고향으로 가는
발걸음이 가볍다.

고향 감나무 1

아름다운 기억을 안고
여름내 흔들던 가지마다
푸른 신호등을 켠다.

고향 감나무 2

모든 사람들이 떠난 후
가던 발길 멈춰 설까
머뭇거린 하루의 꿈

고향 감나무 3

노을이 져도
찾아오는 이 없는
개여울가 뒷산을 돌아
혼자 고향을 지켜낸
개구리를 본다.
감나무 밑의
나를 본다.

고향 감나무 4

저문 뜰 밖에
우뚝 선 감나무
돌아오는 길에
연등처럼
켜든
신호등이 밝혀주건만

바람에 흔들리는
나뭇잎 사이로
감도는 냉기가
품안을 찾는다.
겨울 채비를 한다.

빨래터

방망이 소리
고샅길 돌고 돌아
봄을 깨운다.

묵은 겨울
손끝으로 부벼낸
은빛 물방울

터질 듯 여민 가슴
맑은 물에 흔들어
땀으로 일군다.

맑아진 강물
잠시 머문 낮달이
떠내려간다.

그 곳이 그립다

흙냄새가 물씬 풍기는
개울가
물장구치던 곳이 그립다.

큰 집 뜰 안
덩그러니 앉아 있는
뚜껑 열린 옹기 항아리
낙수로 채워지는 외로움

한파가 몰려오면
몸서리나게
떨고 있을 고향
아궁이 속에
불씨를 피우러 가고 싶다.

동부 콩

빈터 밭모퉁이
무성한 잡초가 흔들린다.

수런거리는 잡풀 속에
살포시 고개 숙여 피어나는
보랏빛 꽃 대궁.

달무리 지도록
썼다가 지웠다가
다시 펼치는 러브레터.

호젓한 푸섶을 흔들며
입담 나누다
낄낄대는 장끼소리.

동부 꽃은 달빛을 얼싸안고
누드로 누워 있다.

봄날에

눈꽃이 흩뿌리고 간
나무 가지 끝
작은 꽃잎들이
환상처럼 부풀어 오른다

지워지지 않는
희미한 기억 속에
고단한 세월이 부려놓은 짐

흐려진 유리창에
빼곡히 써 놓은 눈물의 편지

바람이 말리고 갈
맑게 갠 하늘 향해 뻗어진
가지마다 터트리는 봉우리
황홀함으로 가득 찬 날

알싸한 봄나물 올린
두레상에 둘러앉아
어머니 손맛 닮아가는
약 된장이 정겹다

빈 집

바람과 숲향기를
벗하다
이끼 낀 푸른 뜰안

댓돌 위에 하얀 고무신이
주인을 기다리다가
자욱하게 쌓인 먼지를 쓸어내며
햇살을 맞는다.

묻혔던 한을 떨치듯
한 겹 두 겹
벗겨내는 울음의 그늘!

丁亥年 五月,
사람 없는 빈집의
푸념 서린 봉투를 나부끼다
가끔씩 고요를 깬다.

천년보다 소중한 하룻밤

천년의 풍상
마다않고 지켜선 돌탑
바람이 불면
흔들림이 심하다
누워버릴 듯하다.

바람을 비웃으며
굳은살로 버텨낸 자리
헛수고다.
콧등으로 견딘 세월도
부질없는 헛수고다.

하룻밤을 새고 나니
허리춤에 휘감긴 그 정
못 잊어 어찌할까.

가던 길 멈추고
떨어질 듯 까칠한 절벽을
돌아보며
난간에 켜켜 쌓인
푸념을 묻는다.

의문부호표

빈 가지 기억들 모아
납덩이처럼 드러누운
고통의 파편들
고독조차 아우르는
언어의 집을 지어볼까

심하지 않는 논급은
삶의 원리를 천착삼아
어눌한 자모음이 뒤엉킨다.

옴짝 달싹할 수 없는
초입에 다다라
모진 격랑을 겪으면서도
변심한 세월은
되돌아 올 줄 모른다.

누구 없소?

찌그러진 양철 대문
덜컹이는 소리
잡초가 무성한 초가.

황소바람에 못 견디어 찢어진
문풍지가 애처롭게 운다.
처마 끝에 매달린 씨앗봉지도
연기에 그을린 채
서럽게 운다.

허기진 가난이 싫어
헛간에 내던진
괭이와 삽이
거미줄에 엉킨 겨울잠을 자다가
눈 비비며 기지개를 켠다.

한 짐 잔뜩 짊어졌던
인고의 흔적들,
어, 거기 누구 없소?

대청호에서

한 줄기 검은 무리가
수면 위로 치솟는다.

낮 동안 먹이를 찾느라
곳곳에 흩어졌다가

해질녘 인도자를 선두로
민감한 착지를 한다.

광활한 습지를 지나
살아남기 위한 비상,

새벽 지나 동이 트면
아침을 터는 날갯짓.

꽃 화살이 피는 밤

수줍은 웃음
눈물 고인 채
비탈진 언덕 위에
밤새 꾸며놓은 분홍침실

쏟아지는 은빛
꽃 화살 피어올라
눈부신 내 그리움
감추어 둔 곳

슬픈 영혼에
마지막 남은 별들을
주워 담는다.

사랑은 먼 곳에

빈 곳
텅 빈 곳에
거리를 두고

꽃술의 태기가
서럽게 운다.

침묵의 밤 언저리
정념의 꽃을
태우려

거친 벼랑을 오르는
덩굴손의
애틋한 몸부림.

애증

이제 막
솟구치는 태양

견디다 못하여
곧게 지른 빗장 열고

둥근달을 품었던
생애의 마지막 기회였다.

꽃처럼 피고
맨몸으로 꽃비를 맞고 싶다.

고독한 회생의 눈물
발등으로 흘러내린다.

3부

이순의 새내기

홀로 걷는 길 1

외로움 싸돌다가
디딘 자욱마다
삐곡한 잡초들이 짓밟혀 누운
하얀 길이다.

홀로 걷는 길 2

멋대로 구르다 채인
크고 작은 돌멩이들
벗 삼을까 하다가

허허로운 마음 둘 곳 없어
슬프지 않은 고독이 좋다.

홀로 걷는 길 3

이슬 머금은 들국화
햇살 등에 이고
미소 띤 그 길에서

멈추지 않는 걸음,
따르는 동반자 있어
누군가 돌아보니
영원한 보디가드

땅 닿는 발자국소리가
잊혀지지 않는
시(詩)를 읊게 한다.

60세에 대학을 합격하고

선택의 길이 대로였다면
가고도 남았을 먼 길을
돌아온 60여 년

내 영혼을 헐벗겨
멍들게 한 아픔들이
삐거덕거린 채
일상의 빗장을 풀지 못한
녹슨 머리

황혼의 끝자락
만학의 문이 열린 날
기쁨이 채 가라앉기도 전에
두려움이 마구 흔든다.

발랄한 젊은이들
따가운 시선에
교차로에 서 있는 듯
번뇌로 몰입되어도

늦었지만
할 수 있다는 신념으로 선다.

이순(耳順)의 새내기 1

젊음의 광장
넘쳐나는 활력
넓은 캠퍼스가 좁은가 보다.

목표를 향한 바쁜 걸음들
스치는 느낌이 그렇다.

느슨하게 출발했던
수십 대의 셔틀버스 한 숨 돌리니
종강을 한 발 남긴 한 학기
무엇을 얻고 잃었나!
오늘이 더 아쉽다.

옛날 맛내기 집
북적대는 식사 시간을 피한
외로움을 친구 삼는
오늘이 더 외롭다.

이순(耳順)의 새내기 2

미로의 문 열리지 않아
가슴앓이가 된다.

꼬박 새운 밤의 여독
자판 위에 낙수로 지는데
회한의 동그라미 그린다.

키보드의 작은 샛별이
깊은 밤의 유혹
어둠을 가르며
손가락마다 반짝인다.

미로의 탈출구 비집고
먼동이 튼다.
참새들이 아침을 깨운다.

잡초

작은 키로 구르다
잿불이 될 걸

지천으로 자라서
억세게 버둥대다

곡식을 위해 뽑혀 버린
머리채의 따가움

온몸을 다 주고도
돌아누울 자리 없어

부르르 떨다
서로 비빈 아우성

목숨 걸고 살아가는 것이
어찌 죄란 말인가.

봄을 깨우는 소리

속마음 들어내지 않는
깊은 잠 깨우려고
대지를 품어 안는 바람

뜰안의 목련꽃
풍화에 시달린 가지 끝마다
떠질듯이 불을 켜고
와르르 부풀어 오른다.

잔설 녹인
논두렁 밭두렁마다
밤낮 봄을 캐 올리는
외침소리가 들녘을 깨우고

세찬 꽃샘바람 자면
젖은 손마디로 찾은 아릿함,
여린 쑥의 향기가
얼었던 가슴을 녹인다.

세월이 가면 1

가던 걸음 멈춰 세우는
한 서린 소곡
풀벌레도
목쉰 울음을 운다.

아리도록 품었던
허망하고도
애절한 가슴을 풀어놓아도

되돌릴 수 없는
회한의 가슴앓이
북받치는 속내가 탄다.

세월이 가면 2

진종일 기다려도
불러주는 이 없어
게,
누구 없소?
그리운 벗들도
모두 다 어디 갔나?

세월이 가면 3

청빈한 마음
가난의 멍에를 넘은
참회의 눈물 뜨거우나
대문에 새겨
매달아 놓은 이름,

물기가 마르기 전에
내리막길일 줄이야.

남은 이야기 나누며
애수로 조아드는 언덕을
제 몸 살라
타오르는 촛불은
아름다운 눈물인가.

산에서 1

아침 이슬 머금은
개망초꽃이
함초롬하다.
눈이 부시다.

후끈한 바람 따라
솨르르
연거푸 토하는
매미들의 오페라 연주.

계곡 따라 오를수록
높아지는 가락들
삶의 한을
여기에서 풀어낸다.

산에서 2

경사가 급하지 않다.
잠시 쉬었다가
가고 싶다.

길의 끝자락
군락을 이룬 동고서니
어릴 적
고향이 묻어 있다.

조잘조잘
물살 느린 여울에서
한가로이 떼를 지어 노는
버들치가 부럽다.

서리꽃

누군가를 위해
기다림으로 피었는가.

너를 향한 마음을 모아
이슬 되어
바람 되어
머물고 싶은 뜨거운 열정

가을비에 젖은 가로등처럼
허공을 가르는 빈 마음

서리꽃 내려앉아
사각대는 속삭임은
너를 위한
밤의 기도.

혼자임을 알았다

가슴에 묻은
소중한 것들
믿음으로 빌어온 복.

질곡의 현실 부여잡고
장승처럼 굳어져
본질을 상실했다.

바람에 흔들리는
문풍지가
오늘도 가슴을 때린다.

첫사랑

살얼음 같이 정체된 유리창에, 회한도 집착도 없이 피어나는 꽃. 뜨락 밖의 빈 가지에 달라붙은 떡가루를 털어다가 호박범벅 케이크를 만들자고 빛바랜 사진 속 친구들에게 편지글을 쓴다.

떠나간 뒤에 어느 만큼은 채워지고, 비워낸 그 자리에 다시 모이는 날, 서둘러 가야했던 아픔을 묻지 않으마. 부질없는 기다림인 줄 알면서도, 둘러앉은 두레상에 보이지 않는 얼굴이 보인다.

지워지지 않는 첫사랑이 환생을 한다.

달맞이

한때의 영화를 뒤로하고
상실한 거리를 배회하던
생활의 빈터에서

한줌의 햇빛 그리워
두툼한 잠바 속에
목을 들이밀며
넋두리하는 아줌마

골목 어귀를 속절없이 맴돌다
부표 같은 거친 손
오래 비워둔 찬 아랫목에
보듬은 불씨 하나
어둠을 밀어내는
보름달을 기다린다.

가을

논바닥에 깔린 하얀 메밀꽃 위로, 밭둑을 넘어선 햇볕이 나랑 친구를 하자고 한다.

파아란 하늘에 하얀 낮달이 달려와, 반기다 바스락 빛 고운 잎들로 구른다.

곱디고운 가을 이불 덮고, 신나 버린 다람쥐 가족, 알콩달콩 새 집을 짓는 소리가 들린다.

해님도 모셔 드릴 방 하나, 달님도 모셔 드릴 방 하나, 도토리 식탁 위에 활짝 웃음꽃이 핀다.

가을 호수

가을의 서러운
노인의 뒷모습 같은
만추에 산 하나
그대로 안은

물 안으로 언뜻언뜻
비치는 푸른 하늘은
누구의 얼굴일까
스치는 바람 고요한 향기는
누구의 자취일까

물 위로 가늘게 흘러가는
불덩이를 삼킨 듯
온 산을 붉게 태운 가을 산
저토록 뜨거움이 넘쳤던
젊은 시절을 그리워하다
태워버린 가을인가

신도안

오솔길 따라 가면 옹기종기 산마을에, 계룡산 기슭마다, 원주민들보다 무속인이 더 많았던 명산이 나온다.

언덕배기 낮은 초가에 저녁 짓는 아낙은 사랑을 불씨를 피운다.

울창한 숲을 헤집고 피어오르는 연기 줄기, 자연을 순례하는 아름다운 삶으로 정이 머물고 있는 산이다.

조약돌

거친 돌멩이들이여
조약돌이 되려면
맑은 물소리를 들으라.

땡볕에 달구어진
지친 언어들이
진종일 호소하는 갈증

맑은 물이 그립거든
한줄기 소나기와 함께
반짝이는 은어로 오라.

탑정호

일렁이는 물줄기 따라
푸른 바람이
들에 사뿐히 앉는다.

나를 찾고 싶어
마음의 쉼터 같은
오붓한 오솔길을 걷는다.

맑은 바람이
자욱한 안개를 거두며
비경을 빚어낸다.

불어오는 훈풍이
얼어붙은
가슴을 녹인다.

4부

그림자

서해안 갯벌에서

인적 드문 섬
끼루룩, 갈매기 소리가
명상을 깨운다.

비움과 채움의 반복으로
공존하는 생명들,
갯바닥의 구멍처럼
욕심을 버리라는
삶의 발자국소리를 듣는다.

간만의 차이로 일렁이는
바닷물의 설레임,
너른 갯벌을 뒤적이며
지친 손마디로
아낙의 삶을 대변하는 하루.

해질 무렵 바다 위에
곱게 피어나는 노을이
너그럽다.

십일월을 넘으며

햇살 받아 세살거리던 잎맥
구름 속에 뒤엉킨 숨을 고르다
참선한 듯,
허공을 응시하고 있다.

토담 너머 먼 산을
붉게 물들인 언어들이
제 몸 던져 화르르
태우다 바스라진다.

햇살 속은 언덕길 지나
세상과 숨바꼭질하다
찍어놓은 발자국
오래 전 기억 되살리며

등짝에 달라붙은 냉기가 시려온다.

침묵 1

가을 가뭄에 짓눌린
애잔한 잎새들
정열을 쏟아놓고 뒹굴다
부딪쳐 멍든 가슴

나를 알아 달라며
손짓하다
쉬고 있을 뿐인가.

침묵 2

겨울비에 젖은 채
야윈 볼을 부비며
희망으로
솟구치고 싶은가.

침묵 3

귀띔하는 바람의 속삭임
한 줌 흙에 기댄
갈색 나무 우듬지.

손 흔들
그 날을 기다리며
햇살 받은 싱그러움.

반딧불이

까만 밤에 벙긋벙긋
터트리는 꽃봉오리
어둠을 밝혀주는 그 신비함
작지만 소박한 광채를
마음에 담고 싶다.

하루살이 1

불빛 아래 부산을 떨고 있다.

바라보는 순간
행렬은 장관을 이루는데
생존경쟁일까,
공황 장애일까.

살아남으려는 몸부림,
조금은 느슨해도 좋으련만
거센 바람에 티끌이 날리듯
가로등 아래 돌고 돈다.

기껏 산다 해도
하루살이일 터이지만
저토록 바쁘게 살지 않으면
안 되는 이유가 무엇일까.

하루살이 2

다가서서 도울 수 없는
안타까운 아우성.

두려움에 떨다가
웅크린 마음을 열어 빛은
눈부신 비상

저들은 오늘
생애 최고의 날을 맞은 걸까.

산수유

아버지가 남긴 발자국
따라온 하얀 토끼

눈을 깜박이며
두드린 곳은
꼭 한번 들어가고 싶은
우리 집이었을까.

꽃 진 자리 하얀 눈꽃 사이
붉은 산수유
자랑하는 열매

아버지 달여 주신 정성
아직도 고마운
그 산수유 맛.

목련

꽃잠을 준비하는
꽃등 달고

투명한 네 눈빛이
화려하지도 않고
눈이 부시지도 않다.

달빛 닮은 모습
유혹하는 봄
몸살 앓는 작은 애무.

영산홍

다홍으로 불이 붙는
푸른 잎 사이
나직이 숨 고르며

송이 송이 마지막 송이가
머언 산 허리에 찬
하늘가를 태운다.

벙그는 맑은 향 내음
시샘하는 꽃바람
눈물 고여 뜨겁게 사르다

아직도
꽃술 붉게 물든 노을
내려앉는
다홍빛 정념의 넋.

억새

푸른 하늘 아래
끝없이 변형을 시도하다
한바탕 어우러지는
회오리 바람결.

아슴하게 술렁이며
저무는 하루
시름하다 솜털 같이
웃음 짓는 허허로움.

비바람에 히끗대던
진눈개비도
전설처럼 보채는 달빛
방황하는 은빛 춤.

들국화

꽃잎 사이로 촉촉이
내려앉는 이슬
갈피마다 헤집고
뿌리 깊숙이 집을 짓는다.

가만가만 누군가를
기다리는 그리움
몰래 왔다가 먼동이 트면
어디론가 숨어드는 바람.

한번은 부르고 싶은 이름
눈길 닿는 곳마다 감춰진 눈물
목마른 가슴을
넉넉한 품으로 감싸 안는다.

가을 열차

구름이 무겁게
내려오는 오후

돌아볼 일 없는 듯
꿈꾸던 여름.

매달리고 떨어지며
눈부신 잔상.

어둠 속으로
잠들게 한 새벽

피안의 경계로
숨을 몰아 달리는 열차.

불타는 강

물가에 앉으면
석양의 노을이
바람을 일렁인다.

눈을 감으면
깊은 물 속에는
도시의 쓰레기들이
우리의 양심을 붙들고
눈물 흘리고 있다.

강물의 불아!
너와 내가 옷을 벗고
강에 뛰어들면
모두가 흘러내린다.

태풍이 지나가고

황톳물이
강둑을 내 지른다.

어디서 왔느냐
물을 겨를도 없다.
대답할 틈새도 없다.

거친 광란의 회오리!

바람 자고
성깔이 풀리면
속 깊은 평안을 찾은 그 길

호숫가
안개 걷힌 고즈넉함 속에
눈부신 무지개
솟아 오른 날.

그림자 1

따닥보다는 똑딱이가 귀에 익은 소리로 다가와 안긴다. 떨리는 손에 잡힌 마우스로 그린 그림판의 선, 흔들림은 불안하지만 배운다는 것만으로도 벅찬 기쁨이 된다.

한 기능을 알면 감동되어 다른 작동을 몇 번씩 시도하다 밤을 새도록 두드린 적이 한두 번이 아니었다. 득실 없이 더 이상 나갈 수 없는 답답함에 진한 한숨을 내쉴 때, 옆자리 칠순 어른 또한, 무너져 내리듯 한숨을 토하신다.

'얼마나 답답하시면 저리 하실까? 무엇을 얻고자 저리도 갈급한 마음으로 앉으셨을까?' 하면서 나 자신을 돌아보다 그만 눈물이 울컥 치솟는다. 노·소론을 불문하고 누구에게도 제약받지 않는 배움이라지만 의지만으론 할 수 없다는 무료함을 느낀다.

그림자 2

"포기할까?" 하는 갈등으로 꽉 메우는 머릿속, 그러나 가슴은 아직 뛰고 있다. 자판 한 구석, 빤짝이는 작은 커서와 눈맞춤은 다시 설 수 있는 용기를 주었다. 조금 늦은들 어떠리. 서둘지 말고 한 단계씩 익혀 나가면 이루고자 하는 꿈을 기대해 본다. 그렇게 배우기를 몇 개월 지나보니 제법 그림다운 상자도 그려냈고 색깔도 칠하여 모니터에 따분함을 달랠 정도였던 기쁨도 꿈의 실현인 대학교를 가기 위한 아쉬운 작별을 해야 했다.

그림자 3

막상 학내에 발을 딛고 서보니 말문이 막히고 걷잡을 수 없는 늪 속으로 빠져간다. 강의가 끝나면 틈새 시간을 아끼어 하나씩 똑딱이는 따닥이로 바꾼 것은 나와의 약속이다. 아울러 자신 있는 발표를 탐구해 낼 수 있을 때까지 녹슨 학문의 번뜩이는 빛냄이 될 것이라 믿는다.

무거운 발걸음을 떠밀어대는 등 뒤의 들썩이는 가방의 재촉하는 서두름에 멈춰 설 수가 없다. 그림자가 동행하며 친구해줄 때 타들어가는 목을 적시며 혼자가 아니란 것을 감사하는 하루는 짧기만 하다.

보석이 되려면

두터운 석회암 층
물줄기가 눈부시다.
계곡
빙하
설원에
하얗게 바스라진 돌벼랑.

허공에 떠 있는 듯
바람이
봉우리를 넘을 때
하늘은 성난 잿빛 신음을 하다
어둠을 칼질하는
천둥소리.

쏟아지는 세찬 물줄기
급물살에 씻겨 내려
가부좌를 튼 바람이 쉰다.
노을 깔린 저녁
호수의 청옥빛.

산책로

물 속까지 따라오는
산 그림자.

커다란 원을 그리다
낮게 내려온다.

여울목 물살에
가쁜 숨소리가 수상하다.

터져나갈 듯한 소망 하나
햇살에 담기고

외로운 파랑새는
하늘의 섭리에 기도한다.

□ 후 기 □

지그시 눈을 감고 회상해 본다.

산다는 것은 자기를 의식하는 그 존재가 곧 깨어있는 정신으로 살아가는 것이라 생각한다. 한 시대를 통찰하는 현실을 청량한 인식의 눈으로 공감하고 느낄 때, 심상을 올곧게 세운다. 온몸에 칭칭 감겨 부대끼는 세상살이 덮개를 이순이 되어 사그러Em리는 마음을 시에 담아본다. 덜 익어 풋풋하고 떫은 맛, 단내 나는 완숙한 맛을 내려면 바람도 불어야 되고 비도 내린 뒤, 햇빛을 받았을 때 튼실한 과실을 얻는다. 만남과 헤어지는 사람의 존재를 흔들고 있는 교차로의 오만을 바로 잡아 정지시키는 일이 쉽지만은 않다.

늦은감도 있으나 현실과 치열하게 부대끼면서 바닥이 드러난 개울에 청량한 물을 넣어, 수초가 돋아나면 물고기가 떼를 지어 노는 강물이 되고 싶다. 시를 사랑하고 쓰게 된 이유 또한 내면에 또아리를 틀고 앓은 사연들을 위선과 욕망보다 자아를 실현하는 휴머니즘과 사랑이 넘치는 시적 감각을 내게 허락하신 하나님께 감사한 마음으로 받아, 초심을 잃지 않는 작품을 쓰려고 한다.

다소 조급한 마음을 다독이는 인성을 과제로 풀게 하신 김경문 회장님, 리헌석 회장님, 모든 분들의 아낌없는 사랑으로 지도해 주시고 이끌어 주신 성원에 감사를 드리며, 모든 이들이 보다 나은 삶으로 더불어 살기를 원한다.

질경이의 기도

백명자 시집

발행일 / 2007년 12월 15일

지은이 / 백명자
발행인 / 李憲錫
발행처 / 오늘의문학사
대전광역시 동구 삼성1동 125-6 한밭오피스텔 401호
Tel(042)624-2980 Fax(042)628-2983
http://www.munhaksarang.or.kr(홈페이지)
✉hs2980@hanmail.net
등록 / 제55호(1993년 6월 23일)
ISBN 978-89-5669-254-8
값 7,000원